Das Detektiv-Team

Name: Jo (Vorsicht: Anführer!)
Markenzeichen: gestreifte Wollmütze
Lieblingsmusik: Hip-Hop
Größtes Hobby: Fälle lösen
Größter Wunsch: Sänger oder Meisterdetektiv werden

Name: Hannes (Vorsicht: kombiniert gut!)
Markenzeichen: runde Brille
Größtes Talent: Kunststücke auf dem Einrad
Größtes Hobby: Krimis lesen und dabei Chips essen
Größter Wunsch: mit den Detektiven berühmt werden

Name: Paula (Vorsicht: schlau und frech!)
Markenzeichen: pinkfarbene Haarsträhne
Größtes Talent: Karten spielen
Größtes Hobby: Keyboard
Größter Wunsch: Computerspiele erfinden

Name: Frau Meier (Vorsicht: feine Nase!)
Alter: 28 Hundejahre
Markenzeichen: buntes Fell
Größtes Hobby: Entdeckertouren
Größte Tarnung: sieht gefährlich aus, ist aber treu und lieb
Größter Wunsch: jeden Tag eine Wurst

Ein Hamster in der Schule

Heute darf Hannes seinen Hamster Karli
mit in die Schule bringen. In der dritten Stunde
soll es nämlich um Haustiere gehen.
Auf dem Pausenhof wird Hannes sofort
von seinen Mitschülern umringt.
Frau Meier, die Hündin des Hausmeisters,
schnüffelt neugierig am Käfig. Dann bellt sie laut.
„Darf ich ihn mal streicheln?“, fragt Tom
aus der Parallelklasse.
„Ja“, sagt Hannes.

Bildergeschichte

Ordne die Bilder, und schreibe die Buchstaben unten in die Kästchen.

Frau Meier schnüffelt am Käfig. **R**

Tom nimmt den Hamster aus dem Käfig. **I**

Frau Meier bellt laut. **L**

K

Hannes bringt Karli mit zur Schule.

Die Kinder umringen Hannes. **A**

K 1	A 2	R 3	L 4	I 5

Welches Bild ist das erste in der Geschichte?

Bild **K** Bild **R**

Trage den Lösungsbuchstaben auf der Detektivseite ein.

„Hast du Karli wieder in den Käfig gesetzt?“, fragt Hannes.

Tom nickt und verabschiedet sich schnell.

Hannes schaut in den Käfig.

Aus dem Eingang des Häuschens gucken Heu und Papierschnipsel.

„Karli ruht sich aus“, sagt er zu den anderen.

Auf dem Weg ins Klassenzimmer wollen Hannes’ Freunde alles über Karli wissen.

Eines der Kinder hat einen merkwürdigen Gegenstand dabei? Weißt du, was das für ein Gegenstand ist? Schau genau hin.

Tunwörter einsetzen

Die Kinder stellen Hannes viele Fragen. Die Fragen sind aber nicht vollständig. Ergänze die fehlenden Wörter. Aufgepasst, ein Wort passt nicht!

Welches Wort konntest du nicht einsetzen?

alt **A** heißt **B**

Trage den Lösungsbuchstaben auf der Detektivseite ein.

Komisch, komisch!

„Was ihr alles wissen wollt“, stöhnt Hannes.
Aber da kommt ihm sein Zwilling Jo zu Hilfe.
„Hamster werden ein bis zwei Jahre alt.
Hannes hat ihn seit einem Monat, weil unser
Nachbar Ben eine Allergie gegen Hamster hat.
Da musste er Karli weggeben.
Waschen muss man Karli nicht,
er putzt sich selbst.
Eigentlich heißt er
Karl der Große, aber
das war uns zu lang“,
erklärt Jo.

Namenwörter suchen

In diesem Gitter haben sich waagerecht fünf Wörter aus dem Text auf Seite 6 versteckt. Kreise sie ein.

M	E	Z	W	I	L	L	I	N	G
S	Q	F	R	B	T	K	L	P	O
G	R	K	G	O	P	U	S	I	J
S	M	H	A	M	S	T	E	R	U
I	A	L	L	E	R	G	I	E	R
E	M	O	N	A	T	M	R	J	W
U	E	I	N	A	C	H	B	A	R
W	I	U	M	J	P	R	Y	G	S

Welches Wort hast du gefunden?

Hamster **R** Hase **C**

Trage den Lösungsbuchstaben auf der Detektivseite ein.

„Karli frisst am liebsten Erdnüsse“, erklärt Jo.
Er holt ein paar Erdnüsse aus seiner
Jackentasche und legt sie in den Käfig.
„Komisch. Warum kommt Karli nicht raus?“,
wundert sich Jo.
„Karli mag auch gern Mohrrüben und Gurken.
Manchmal frisst er sogar Joghurt“, sagt Hannes.
Da klingelt es, und Frau Schulte beginnt die Stunde.

Auf dem Bild sind vier Dinge versteckt,
die Hamster gerne fressen. Findest du sie?

Wortgrenzen erfassen

Wenn man ein Haustier haben möchte, muss man sich vorher gut informieren. Kannst du lesen, was man über Hamster wissen sollte? Setze nach jedem Wort einen Trennungsstrich.

Wie viele Wörter hat der längste Satz?

10 Wörter **G** 8 Wörter **L**

Trage den Lösungsbuchstaben auf der Detektivseite ein.

Wo steckt Karli?

Endlich ist Hannes an der Reihe
und darf Karli vorstellen. Er öffnet den Käfig
und hebt das Dach des Häuschens ab.
Doch Karli ist verschwunden.
„Was ist los?“, fragt Frau Schulte.
„Karli ist weg“, flüstert Hannes.
„Wir müssen ihn suchen!“,
rufen Jo und Paula gleichzeitig.

Zusammengesetzte Namenwörter

Wo könnte Karli stecken? In der Aufregung sind einige Wörter durcheinander geraten. Setze die Wörter wieder zusammen, und schreibe sie auf die leeren Zeilen.

Welches Wort hast du gefunden?

Haustür **J** Klassenzimmer **I**

Trage den Lösungsbuchstaben auf der Detektivseite ein.

„Lasst uns in Ruhe nachdenken“, meint Hannes.
„Auf dem Pausenhof wollte Tom Karli streicheln.
Dann hat er ihn wieder in den Käfig gesetzt.“
„Aber als ich Karli vor dem Unterricht
noch ein paar Erdnüsse geben wollte,
hat er sie sich nicht geholt“, meint Jo.
„Sonst frisst er die Nüsse immer sofort.“
„Ganz klar, Tom hat Karli einfach behalten“,
kombiniert Paula.

Wie heißt der Verdächtige?
Notiere den Namen auf der Detektivseite.

Buchstabenfolge erkennen

In welchen Wörtern versteckt sich die Buchstabenfolge TOM?
Unterstreiche sie mit roter Farbe.

Trommel 

 Tomate

Foto 

Tombola

 Tomahawk

 Motorrad

Wie oft hast du die Buchstabenfolge TOM gefunden?

4-mal **L** 3-mal **I**

Trage den Lösungsbuchstaben
auf der Detektivseite ein.

Der Verdächtige

„Tom, na der kann was erleben“, brummt Hannes.

In diesem Moment klingelt es zur Pause.

Frau Meier wartet schon auf die Kinder.

Paula füttert sie mit Wurst.

Gemeinsam suchen sie nach Tom.

Aber sie sehen ihn nirgends.

Siehst du Tom?

In diesem Bild haben sich alle Buchstaben aus dem Abc versteckt. Findest du sie? Male sie bunt an.

Wie viele Buchstaben hast du gefunden?

30 **Q** 26 **S**

Trage den Lösungsbuchstaben auf der Detektivseite ein.

Endlich finden sie Tom hinter den Büschen.

„Wo ist Karli?“, fragt Hannes aufgeregt.

„Tut mir leid, Hannes“, schluchzt Tom.

„Ich wollte Karli meinen Freunden zeigen.

Aber als er mich gebissen hat,

habe ich ihn vor Schreck losgelassen.“

„Hier, hinterm Busch, ist der Boden feucht,

und Karlis Spuren sind zu sehen“, ruft Paula.

„Sie führen zum Fenster. Vielleicht ist er im Keller!“

Wohin führen Karlis Spuren?

Notiere es auf der Detektivseite.

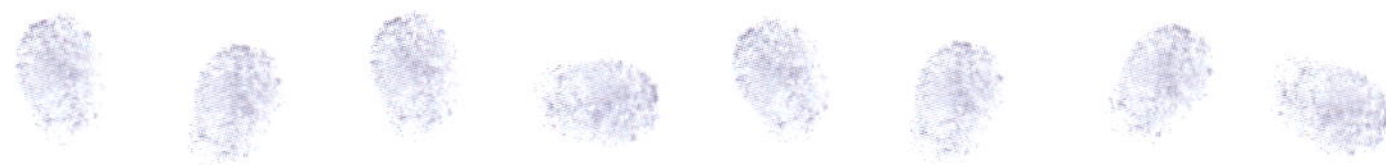

Genau lesen

Lies den Text auf der linken Seite genau,
dann beantworte die Fragen.

1. Warum hat Tom Karli mitgenommen?

a) Er wollte ihn mit nach Hause nehmen.

b) Er wollte ihn seinen Freunden zeigen.

2. Warum hat Tom Karli losgelassen?

a) Karli hat Tom gebissen. b) Karli hat Tom gekratzt.

3. Wo hat Paula die Spuren entdeckt?

a) Hinter dem Busch b) Im Blumenbeet

Wie oft war die Antwort a richtig?

2-mal **T** 3-mal **P**

Trage den Lösungsbuchstaben
auf der Detektivseite ein.

Die Spur führt zum Keller

Hannes kniet sich auf die Erde
und lugt durchs Kellerfenster.
„Kannst du irgendwas erkennen?“, fragt Jo.
„Nee, zu dunkel“, meint Hannes.
„Ich habe eine Idee. Wir holen Frau Meier.
Die findet Karli bestimmt“, sagt Paula und grinst.

Wie viele Knochen kann Frau Meier hier finden?

Einige Beschreibungen treffen genau auf Frau Meier zu.
Streiche die Beschreibungen durch, die nicht passen.

Frau Meier ist der Hund …

…, der einen Schlüssel am Halsband trägt.

…, der gern auf Entdeckertouren geht.

… mit den gelben Pfoten.

… mit dem bunten Fell.

…, der gern jeden Tag eine Wurst frisst.

…, der dem Direktor gehört.

…, dessen Leibspeise Möhren sind.

Wie viele Sätze konntest du durchstreichen?

2 **E** 3 **I**

Trage den Lösungsbuchstaben auf der Detektivseite ein.

Paula lässt Frau Meier an Karlis Käfig schnuppern.

Dann gehen alle zusammen in den Keller.

„Such!“, sagt Paula und gibt Frau Meier einen Klaps.

Frau Meier schnüffelt um die herumstehenden Kartons, den Flur entlang bis zu einer grünen Pflanze.

Sieh dich genau um. Überall sind Beschriftungen und Zeichen.
Kannst du alles lesen?

Welches Theaterstück wird am Samstag aufgeführt?

Pippi Langstrumpf **U** Peterchens Mondfahrt **M**

Trage den Lösungsbuchstaben
auf der Detektivseite ein.

O nein, Frau Meier!

Doch gerade als Frau Meier an der Pflanze schnuppert, steigt ihr ein anderer Duft in die Nase. Da steht ja ihr leckeres Hundefutter!

„O nein", stöhnt Paula. „Du verfressener Hund!"

„Sieht so aus, als müssten wir ohne Frau Meier weitersuchen", lacht Jo.

„Aber Karli war auf jeden Fall hier", meint Hannes. „Guckt mal, wie die Pflanze aussieht!"

Wiewörter zuordnen

Welche Wiewörter beschreiben diese Pflanze? Kreise sie ein.

durchsichtig

braun

abgeknickt

stachlig

angeknabbert

grün

vertrocknet

Wie viele Wörter bleiben übrig?

6 **H** 4 **E**

Trage den Lösungsbuchstaben auf der Detektivseite ein.

„Hier liegen Hamsterköttel!“,
ruft Tom von der Treppe aus.
Sofort rennen Hannes und Jo zu ihm.
„Lasst uns mal logisch denken“, sagt Jo.
„Hamster schlafen doch tagsüber.
Bestimmt ist er nicht weit gelaufen, sondern
hat sich ein gemütliches Plätzchen gesucht.“

Wie viele Gegenstände hat Karli unterwegs angenagt?
Kreise sie ein.

Wörter mit Sch-Laut

Die Detektive überlegen sich mögliche Hamsterschlafplätze.
Sie haben alle einen „Sch“-Laut, doch wie wird er geschrieben:
SCH oder **S**? Ergänze die fehlenden Buchstaben.

Treppen_____tufe

_____troh

_____achtel

_____ublade

_____uh

_____tofftaschentuch

Wie oft hast du nur **S** geschrieben?

4-mal **W** 3-mal **I**

Trage den Lösungsbuchstaben
auf der Detektivseite ein.

Aufgepasst!

„Hier liegt ein angenagter Radiergummi“,
sagt Paula. Sie steht in der Tür zum Werkraum.
„Ob Karli hier ist?“, überlegt Hannes.
„Immerhin gibt es viel Papier,
aus dem er sich ein Nest bauen kann“, meint Jo.

Was könnte Karli im Werkraum gut gebrauchen und hat ihn vermutlich hineingelockt? Notiere es auf der Detektivseite.

Groß- und Kleinschreibung

Hier sind alle Wörter kleingeschrieben.
Welche beginnen mit Großbuchstaben?
Schreibe den Satz richtig auf die Zeile unter dem Text.

im werkraum liegen sägen und holzplatten auf den bänken.

____

es gibt auch viel papier.

____

neben den holzplatten liegen zeichenblöcke.

____

an den wänden hängen bilder.

____

im papierkorb türmen sich die papierkugeln.

____

Wie viele Wörter musstest du ausbessern?

11 **N** 16 **M**

Trage den Lösungsbuchstaben
auf der Detektivseite ein.

„Ob Karli wirklich hier drin ist?“, zweifelt Hannes.
„Vielleicht ist er doch die Treppe hochgeklettert.“
Da klingelt es, und die Pause ist zu Ende.
Ben, der Nachbar von Jo und Hannes,
kommt in den Werkraum.
„He, was macht ihr denn hier?“, fragt er überrascht,
als er die Zwillinge sieht.

Sinnerfassend lesen

Was könnte Hannes antworten? Streiche die falschen Sätze durch.

Wie viele Sätze sind richtig? 3 **E** 2 **F**

Trage den Lösungsbuchstaben auf der Detektivseite ein.

Da muss Ben plötzlich furchtbar niesen.
„Ist das deine Allergie?“, fragt Hannes. Ben nickt.
„Das heißt, dass Karli hier irgendwo ist!“,
freut sich Jo. „Nur wo?“
Frau Meier kommt durch die Tür.
„Na, lässt du uns doch nicht im Stich?“,
meint Paula und krault sie hinter den Ohren.
Da raschelt etwas. Frau Meier spitzt die Ohren.
„Ich glaube, ich weiß, wo Karli ist“, lacht Jo.

Wodurch errät Jo, dass Karli in der Nähe ist?
Notiere es auf der Detektivseite.

Gelesenes übertragen

Weißt du jetzt auch, wo der Hamster ist? Ist Karli im Eimer, im Rucksack oder hinter dem Vorhang? Denke an alles, was du bisher über Hamster erfahren hast.

Irgendwo auf der Seite hat sich der letzte Lösungsbuchstabe versteckt. Wenn du ihn gefunden hast, trage ihn auf der Detektivseite ein.

Lösungen

Auf den folgenden Seiten kannst du die Lösungen der Aufgaben überprüfen. Alles, was du hierfür brauchst, ist ein Spiegel.

Seite 3
Die Reihenfolge der Bilder ist: K A R L I

Lösungsbuchstabe: **K**

Seite 4
Ein Mädchen hat einen Skistock dabei.

Seite 5
Warum **heißt** er Karli? Was **frisst** Karli am liebsten? Musst du Karli auch **waschen**? Woher **hast** du Karli? Wie lange **lebt** ein Hamster?

Lösungsbuchstabe: **A**

Seite 7
Diese Wörter verstecken sich im Gitter:

ZWILLING HAMSTER
ALLERGIE MONAT
NACHBAR

Lösungsbuchstabe: **R**

Seite 8
Auf dem Bild findest du eine Gurke, einen Joghurt, eine Mohrrübe und Erdnüsse.

Seite 9
Hamster sind nur nachts wach.
Sie brauchen einen großen Käfig.
Im Käfig soll ein Häuschen stehen.
Es sollte auch ein Laufrad im Käfig sein.
Der Käfig muss regelmäßig gereinigt werden.
Hamster können sehr gut klettern.

Lösungsbuchstabe: **L**

Seite 11
Pausenhof, Klassenzimmer, Hausflur, Papierkorb, Turnhalle, Dachboden

Lösungsbuchstabe: **I**

Seite 13
Tomate, **Tom**ahawk, **Tom**bola

Lösungsbuchstabe: **I**

Seite 14/15

Lösungsbuchstabe: **S**

Seite 17
1 b, 2 a, 3 a

Lösungsbuchstabe: **T**